Auguste BOURGUIN

ET

Le Président PINSART

SOUVENIRS D'UN COMPATRIOTE

PAR

Ch. VILLET

SEDAN

TYPOGRAPHIE DE JULES LAROCHE

22, GRANDE RUE, 22

1886

Auguste BOURGUIN

ET

Le Président PINSART

Auguste BOURGUIN

ET

Le Président PINSART

SOUVENIRS D'UN COMPATRIOTE

PAR

Ch. VILLET

SEDAN

TYPOGRAPHIE DE JULES LAROCHE

22, Grande Rue, 22

1886

BOURGUIN

Au bas du portrait qu'il m'adressait en 1880 pour le Musée
de Sedan, Bourguin avait écrit ces mots : *Ætatis suæ 79*. J'ai
su depuis qu'il était né à Charleville le 18 mai 1800, qu'à l'âge
de trois ans il avait perdu son père et qu'il était venu avec sa
mère habiter Sedan où il fit ses premières études. Au sortir du
collège, en 1818, Bourguin suivit les cours de la faculté de
Paris en compagnie de plusieurs Ardennais dont il aimait à
rappeler les noms : *Bourgerie, Prosper Dureteste et Lefèvre.*

Devenu licencié en droit, Bourguin aurait pu prendre une
place honorable au Barreau. Mais s'il avait l'intelligence des
affaires et des connaissances juridiques étendues, il n'avait pas
le tempérament d'un avocat. Chétif et atteint depuis longtemps
d'une maladie de poitrine, il redoutait l'exercice d'une profession où beaucoup d'émotions se mêlent à un travail souvent
excessif. Nature fine, caractère timide, modeste et très bour-
geois d'allures, Bourguin préférait à un grand théâtre un petit
cercle d'amis où il pouvait sans fatigue satisfaire son goût pour

la conversation. Ainsi organisé, Bourguin ne pouvait ambitionner qu'une seule fonction publique, celle de juge de paix. Nommé d'abord suppléant après la révolution de juillet, il devint titulaire de l'emploi en 1833. Il est resté juge de paix près de 14 ans.

Les Sedanais qui avaient apprécié le mérite de Bourguin l'envoyèrent au Conseil municipal. Il s'y distingua par son aptitude aux affaires. Je me rappelle avoir lu le remarquable rapport qu'il publia sur le projet de réunion de Torcy à Sedan. Ce n'était pas chose facile de démontrer aux habitants d'un petit village qu'ils devaient se laisser absorber par la ville voisine et qu'ils avaient tout intérêt à payer les droits d'octroi. Bourguin se tira d'affaire très habilement. Il négligea le présent et se transportant dans l'avenir, il montra aux habitants de Torcy leurs prés transformés en boulevards, leurs terres en maisons, leur village en une cité populeuse. L'expropriation et le jury aidant, ils vendraient leurs champs au poids de l'or et tous deviendraient riches. Malgré ces séduisantes promesses, quelques vieux habitants résistaient encore. On leur promit de supprimer l'octroi sur les fourrages et Torcy fut annexé à Sedan (1846).

Retiré du monde, vivant dans son cabinet, ne recevant que de rares visites, Bourguin profita de ses loisirs pour se livrer à la poésie. Ce n'était pas un rêveur. Il poursuivait un but déterminé—l'éducation de l'enfance—et ses vers s'adressaient surtout aux écoliers. Il composa pour eux un recueil de fables qui obtint un légitime succès et fut réimprimé plusieurs fois. Dans un genre où après Lafontaine il est si dangereux de

s'essayer, Bourguin se fit une place à côté de Florian. Quel-
ques-unes de ses fables resteront. Parlant de la Muse qui a
inspiré ses prédécesseurs il dit modestement dans un prologue
en quatre vers :

J'ai ramassé dans le chemin
Quelques fleurs, quelques fruits échappés de sa main;
Je viens vous les offrir, lecteur, et ne demande
Qu'un sourire indulgent pour prix de mon offrande.

Dans les fables, le récit est simple, clair, suffisamment
rapide, souvent spirituel. Les animaux causent, discutent ou se
querellent.

L'oie se pavane et reçoit la leçon d'un vieux coq. Le cheval
s'étonne de voir un chameau bossu et le trouve difforme. Ce
cheval n'avait pas voyagé en Afrique. Le lion, le renard et
l'ours font une partie de chasse. L'ours, un gros maladroit,
oublie de donner le meilleur morceau au lion et se fait dévorer.
Le serpent apprend au renard comment on arrive en rampant
à la cime d'un arbre. Le paon se moque de la grue au long
cou : la grue pour se venger propose au paon de s'envoler et
celui-ci après d'inutiles tentatives reste tout penaud sur son
fumier. Le loir donne l'hospitalité au hérisson et se fait mettre
à la porte après avoir été piqué et ensanglanté.

Quand tous les animaux se sont bien querellés, le fabuliste
apparait et tire la morale de la fable. C'est une leçon adressée
aux hommes dont quelques-uns auraient pu se reconnaitre
sous la peau des bêtes, voir même sous l'écorce d'un chêne ou
d'un hêtre, car le poète qui anime tout a placé un homme ou
une femme dans chaque arbre.

La morale doit être courte et bien frappée. Bourguin a été souvent heureux dans l'expression de ces sortes de devises dont le défaut ordinaire est de sentir un peu la confiserie.

L'oie qui marche mal, vole à peine, nage médiocrement, lui a inspiré ces deux vers connus :

> *Savoir un peu de tout n'est rien,*
> *Il vaut mieux savoir peu, mais bien.*

A la vue d'un pêcher qui a beaucoup de feuilles et pas de fruits :

> *Luxe n'est pas toujours richesse,*
> *Et trop grand étalage nuit.*
> *Beaucoup de mots, peu de sagesse,*
> *Beaucoup de feuilles, pas de fruit.*

Un tonneau vide fait grand bruit en roulant. Le poète se représente aussitôt la tête creuse d'un bavard :

> *Par un ton hautain, suffisant,*
> *Par un babil étourdissant,*
> *L'ignorance se manifeste,*
> *Mais le vrai savoir est modeste.*

Dans la fable de la girafe et de l'éléphant, la morale nous vient de l'Inde en passant par Paris :

> *Un bramine autrefois dans les Indes m'apprit*
> *Que sans les talents, sans l'esprit,*
> *La beauté quelque temps peut bien séduire et plaire,*
> *Mais que toujours son règne est un règne éphémère.*

Un lion effrayé par les coassements d'une grenouille reprend bientôt courage et nous rassure contre le bruit :

> *Le jour où surviendront les dangers véritables,*
> *Par les sottes clameurs instruit,*
> *Je saurai que les gens qui font le plus de bruit*
> *Ne sont pas les plus redoutables.*

La fable du renard et du serpent se termine par une petite satyre qui ne corrigera pas les solliciteurs :

> *Que de gens aujourd'hui, semblables au serpent,*
> *S'élèvent à tout..... en rampant.*

Bourguin aimait les enfants. Il ne se contenta pas de les amuser et de les moraliser par ses fables. Il voulut encore leur rendre le travail facile et agréable. Il composa pour eux une grammaire française qui n'a pas détrôné celle de Noël et Chapsal, mais qui aurait rendu quelques services dans les classes élémentaires si on l'avait adoptée. *Peu de règles, beaucoup d'exercices.* C'est là une méthode excellente. Mais il y a tant de savants professeurs impatients d'imposer leurs grammaires aux écoliers, que Bourguin ne pouvait pas espérer les faveurs de l'Université. Son livre, après avoir reçu quelques marques d'estime, s'en alla où vont tous les livres qu'on ne lit plus.

Un autre ouvrage destiné aux écoliers, *Monsieur Lesage*, eut plus de succès. Les entretiens de cet instituteur avec ses élèves sur les animaux et sur l'hygiène ont trouvé des milliers de lecteurs. Vingt-sept éditions épuisées en quelques années attestent le mérite du livre. Dans Monsieur Lesage, Bourguin a été le créateur d'un nouveau genre de littérature et, du premier coup, il a atteint la perfection de ce genre familier. D'autres avaient donné de l'esprit aux bêtes et s'étaient amusés à nos dépens. Bourguin a dirigé ses recherches du côté du cœur. Il a accumulé les preuves de la sensibilité chez les animaux. Il a démontré que leurs affections et leurs souffrances étaient égales aux nôtres et par là il nous a intéressés au sort d'êtres qu'on se faisait un méchant plaisir de torturer. J'espère que parmi les bambins qui ont lu Monsieur Lesage, beaucoup ont perdu l'habitude de faire l'école buissonnière, de détruire les nids et de prendre les petits oiseaux.

Devenu membre de la Société protectrice des animaux en 1857, et plus tard président de cette Société, Bourguin, qui s'était retiré à Neuilly, se consacra tout entier à l'œuvre qu'il avait adoptée. Les bulletins de la société sont remplis de notices écrites avec cette simplicité charmante et cette bonhomie qui sont un des traits de son caractère et de son talent. Les bulletins ne suffisaient pas toujours à l'activité de Bourguin. Il y ajouta un grand nombre de petites brochures et deux lettres destinées à populariser l'usage de la viande de cheval.

Ce n'était pas seulement pour introduire un aliment nouveau dans la consommation que Bourguin faisait de la propagande. Il avait vu des charretiers frapper à coups redoublés de pauvres vieux chevaux qui n'avaient plus la force de travailler, et fidèle à son rôle de protecteur des animaux, il avait voulu assimiler le cheval au bœuf et en faire une bête de boucherie, pour lui épargner de mauvais traitements et lui assurer sur ses derniers jours une meilleure nourriture et un peu de repos. Mais au temps où ont paru les lettres de Bourguin, le public ne voulait pas manger de cheval et il n'acceptait l'âne et le mulet qu'en saucisson. Bourguin fut l'un des plus zélés propagateurs de la viande de cheval. Il invoqua l'autorité d'un certain nombre de médecins et de vétérinaires; il appela en témoignage le docteur Baudens. Baudens attesta qu'en Crimée les artilleurs de deux batteries de la division d'Autemarre s'étaient nourris de chevaux réformés et avaient échappé à la mortalité et aux maladies qui sévissaient sur le reste de l'armée. Bourguin et les hippophages provoquèrent un grand banquet où l'on ne mangea que de la viande de cheval. On en fit manger à des journalistes. Le lendemain, ils déclarèrent que cet aliment était excellent et très sain. Le vétérinaire Decroix offrit une récompense de 500 francs à celui qui le premier ouvrirait une boucherie hippophagique. Enfin le 9 juin 1866, le préfet de police autorisa un débit de viande de cheval à Paris. La cause était gagnée. Depuis, le nombre des consommateurs n'a fait que s'accroître et se compte aujourd'hui par milliers.

Bourguin entreprit un travail important sur les grands naturalistes du XIX⁰ siècle, Lamarck, Cuvier, Blainville, Geoffroy de St-Hilaire. Je ne suis pas assez compétent pour apprécier la valeur scientifique de ce travail. Bourguin me paraît avoir voulu fixer la part qui revient à chacun dans les découvertes de la science moderne. Il s'est fait le distributeur de la gloire entre les hommes dont le génie a illustré notre pays. A-t-il réussi complètement dans ces fonctions de haut-justicier ?... Tout ce que je puis dire c'est que la biographie des savants offre peu d'attraits. Leur vie se passe dans un cabinet, et quand l'historien sort de l'examen des systèmes, il ne trouve guère à relever que des querelles de laboratoire ou des jalousies de métier. Qu'on étudie les livres des savants, c'est très bien ; mais en fait de biographies, je préfère celles des militaires ou des diplomates. Les événements auxquels ils ont été mêlés leur donnent un relief qu'on chercherait vainement dans l'existence d'un mathématicien ou d'un naturaliste.

Bourguin s'était condamné lui-même à l'oubli. Retiré dans sa maison de Neuilly, il y vivait en reclus, n'ayant conservé que de rares relations avec quelques Ardennais. Aussi, quand au mois de mars 1880, il mourut à l'âge de quatre-vingts ans, sa mort passa inaperçue ; seule, la Société protectrice des animaux se souvint des services rendus par Bourguin, et c'est au nom de cette Société que fut prononcé par *M. Adelson Monteau* l'éloge de notre regretté compatriote.

Il me sera bien permis en finissant de réclamer pour Auguste Bourguin une place parmi les illustrations de notre pays. Le département des Ardennes, qui s'honore d'avoir produit le géographe *Lagrive* et le physicien *Lefèvre-Gineau*, ne perdra rien à ajouter le nom de Bourguin à celui de ces deux savants.

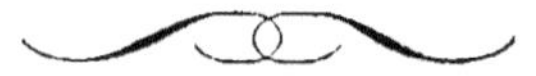

Le Président **PINSART**

M. Pinsart était un magistrat sans ambition. Il n'avait ni le souci des honneurs ni l'envie de la notoriété. Il n'a pas voulu quitter son tribunal pour aller siéger à la Cour d'appel. Savant jurisconsulte, il ne s'est pas donné la peine de composer un livre de droit. Quand il sortait de l'audience c'était pour aller greffer ses rosiers ou tailler ses pêchers. Causeur infatigable, pour peu qu'il trouvât à exercer sa verve ou à satisfaire son goût pour la contreverse, il était heureux. Vous avouerez qu'il est difficile de faire la biographie d'un homme quand on n'a pas la ressource d'énumérer ses œuvres et d'en faire une analyse plus ou moins ennuyeuse. Que dire de celui qui n'a possédé ni titres, ni dignités, qui n'a obtenu qu'une seule décoration dans sa vie et qui ne compte à son actif littéraire et juridique qu'une simple brochure sur les justices de paix ?

Pour bien faire la biographie de M. Pinsart, il faudrait avoir vécu à côté de lui et avoir tenu un journal des échappées de son esprit si vif et si pénétrant. J'ai vu souvent M. Pinsart à l'audience et dans les coulisses du greffe. J'ai saisi au passage quelques traits de son caractère et de son talent. C'est ce qui m'a donné l'idée d'écrire cette notice.

M. Pinsart était né à Saulces-Champenoises le 15 pluviôse an IV.

Il passa son enfance à Attigny, où son père remplissait les fonctions de juge de paix.

Vivant au milieu des paysans, M. Pinsart acquit par l'observation des connaissances très étendues sur la culture. Il savait mieux qu'un membre du Comice agricole les usages de la campagne et plus d'une fois ses souvenirs de jeunesse lui ont permis de résoudre en matière de baux et de fermages des questions qui avaient embarrassé les tribunaux.

Après un début heureux au barreau de Vouziers, il vint se fixer à Sedan et il reprit en 1828 l'office d'avoué de M. Bourguin.

Au commencement de son exercice M. Pinsart eut l'occasion de plaider je ne sais plus quelle affaire contre M. Dupin aîné, le plus célèbre des avocats de l'époque. M. Dupin, qui ne s'attendait pas à trouver un adversaire sérieux dans un petit avoué de province, fut émerveillé du talent de M. Pinsart, et après l'avoir vivement félicité, il chercha à l'attirer à Paris, lui promettant de nombreux succès. Mais M. Pinsart se souciait peu de quitter Sedan et d'abandonner ses rosiers. Il demeura quand même avoué de province. C'était du reste un singulier avoué. Il détestait les procès et avait horreur de la procédure qui le faisait vivre. Avec son esprit alerte, avec ses procédés rapides d'argumentation, il arrivait de plein saut au nœud des questions. Les ambages de la procédure l'irritaient et il ne pouvait supporter les incidents qui arrêtaient la marche de sa discussion. Aussi fut-il bientôt las de la profession d'avoué, et comme ses brillantes qualités l'avaient recommandé au ministère de la justice, il obtint sans peine un siège de juge au tribunal de Sedan. Quand en 1849 la présidence fut vacante, M. Malcotte, le juge le plus ancien, rendit hommage à la supériorité de son collègue et ne voulut point lui disputer la place. M. Pinsart dut sa nomination de président à cet acte honorable d'abnégation que je suis heureux de rappeler.

M. Pinsart n'a jamais été un légiste si par ce mot on entend un magistrat qui met la loi au-dessus de tout, même de la raison, et qui rend des jugements sans s'inquiéter des conséquences qu'ils produiront. M. Pinsart s'était fait de la justice une conception plus humaine. Il ne la considérait que comme un moyen de faire triompher l'équité. Lorsqu'il avait une affaire à juger, il laissait volontiers dormir son code et quand son opinion était faite, alors seulement il s'occupait de rechercher les arguments qui lui permettaient de justifier au point de vue légal la solution qu'il avait trouvée dans sa conscience. Combien de fois ne lui ai-je pas entendu dire : « Quand un plaideur a raison, je trouve toujours moyen de lui donner gain de cause. » Cette phrase semblait une épigramme à l'adresse de certains juges qui n'avaient pas la compréhension facile et qui, ne pouvant démêler les motifs d'une disposition de loi, trouvaient commode de s'en tenir au texte et de l'appliquer brutalement au risque de commettre quelque grosse injustice. Jamais M. Pinsart n'a voulu admettre qu'un conflit pût s'élever entre la loi et l'équité ; et quand par hasard le conflit paraissait imminent il employait les ressources infinies de sa dialectique à rétablir l'harmonie. On ferait des volumes avec la science et l'esprit qu'il a dépensés pour mettre en toute circonstance le code civil d'accord avec la raison.

J'imagine que dans sa jeunesse M. Pinsart a dû suivre les cours de Royer-Collard et qu'il a lu les œuvres de Thomas Reid et de Dugald Stewart. S'inspirant de leurs doctrines si conformes à ses propres idées, M. Pinsart prétendait introduire *la philosophie du sens commun* dans le règlement des affaires judiciaires. Il faisait sans cesse appel au sentiment intime contre l'érudition et il raillait fort agréablement les malheureux qui allaient demander l'opinion de *Cujas* sur une question qu'ils auraient pu résoudre avec les seules lumières du sens commun. Des précédents et de la jurisprudence il ne fallait pas parler à un homme qui tirait tout de son fond et qui n'avait qu'un respect très limité pour les Cours d'appel et même pour la Cour de cassation. Les arrêts n'étaient à ses yeux que des opinions fort contestables et en tout cas sans valeur hors des circonstances particulières où ils avaient été rendus.

L'indépendance de M. Pinsart apparut dans un procès resté célèbre à Sedan. Un ingénieur du nom d'Alcan avait eu l'idée d'appliquer l'oléine au graissage des laines. Un grand nombre de fabricants ayant employé l'oléine sans l'autorisation d'Alcan, celui-ci fit saisir les laines et en demanda la confiscation. La valeur de l'oléine comparée à celle des matières graissées pouvait bien être dans la proportion d'un à cent. Quelques dommages-intérêts auraient suffi pour indemniser largement le breveté du préjudice qu'il avait éprouvé. Mais il insista pour obtenir la confiscation. Il invoqua le texte de la loi et une jurisprudence constante. M. Pinsart ne voulut pas admettre que l'article 49 de la loi sur les brevets fut applicable en matière de procédés et il refusa de prononcer la confiscation. M. Pinsart était homme avant d'être magistrat. Il ne craignit pas de déclarer en tête du jugement *qu'il répugnait à sa conscience d'indemniser un breveté au multiple du préjudice causé.* Cette fière déclaration ne sauva pas le jugement de Sedan. Il fut réformé et la confiscation ordonnée par la Cour d'appel qui siégeait alors à Metz. Il fallut s'exécuter. Plus de vingt fabricants ou filateurs faillirent être ruinés par cet arrêt. Une clameur immense s'éleva dans la ville et retentit dans tous les centres industriels. Le ministre du commerce, saisi d'une quantité de réclamations et de pétitions, proposa de réformer la loi sur les brevets. Un projet fut élaboré et déposé sur le bureau de la Chambre des Députés. Mais au lieu de reviser l'article 49, ce qui eut été l'affaire d'un quart d'heure ; au lieu de décider que la confiscation ne pourrait plus être prononcée quand il s'agirait de l'application d'un procédé, on s'avisa de discuter le principe même de la loi sur les brevets et comme c'était une grave question, la Chambre l'ajourna pour y réfléchir. Les fabricants de Sedan, à moitié ruinés, refirent peu à peu leur fortune. Les clameurs tombèrent et les choses en restèrent là en attendant une nouvelle confiscation aussi odieuse qui fut prononcée vingt-deux ans plus tard dans les affaires d'épaillage.

M. Pinsart avait beaucoup lu et beaucoup observé. Son instruction lui venait surtout de son extrême curiosité. Il n'étudiait pas pour orner sa mémoire et se donner le vain plaisir de glisser quelques lambeaux des *Institutes* ou des *Pandectes* dans les considérants d'un jugement. Il étudiait pour connaître le mécanisme des lois : il démontait les articles du Code comme on démonte une pièce d'horlogerie pour découvrir les défauts et simplifier ou perfectionner les rouages qui ne fonctionnaient plus convenablement. Aussi jugez de sa satisfaction quand la réforme du code de procédure fut mise officiellement à l'ordre du jour ! Enfin le ministre permettait aux magistrats de critiquer à leur aise les formalités qu'ils avaient si longtemps appliquées. Le Conseil d'Etat prenait les devants et livrait aux observations de la magistrature un projet de loi sur les justices de paix. C'est alors que parut la brochure intitulée : *Révision du Code de procédure civile. Un nouveau Code des justices de paix* précédé de considérations sur la compétence et la conciliation (1). Je ne dirai rien du projet de code dressé par M. Pinsart, cela n'intéresserait que les habitués du Palais ; mais je tiens à faire connaître l'esprit dans lequel la brochure a été écrite, et pour cela je ne puis mieux faire que de rééditer les quelques lignes qui lui servent de préface.

« Deux calamités affligent les petites fortunes : les maladies et les procès.

« Pour les maladies, il a été créé des hôpitaux, des sociétés

---

(1) Extrait du *Correspondant des justices de paix*, cahier de février 1870. Paris, rue des Saints-Pères, 12.

de secours mutuels, des médecins cantonnaux, des cours d'hygiène.

« Pour les procès, rien n'a été fait jusqu'à présent. La forme tue le fond ; le gage des créanciers est dissipé en formalités excessives et les héritages des mineurs passent aux mains du fisc et des gens de justice.

« Ce qui se prépare (le projet du Conseil d'Etat) ne donnera qu'une satisfaction très insuffisante aux petits intérêts.

« La mesure pour être efficace doit être radicale. Dans certaines limites, il faut rapprocher le justiciable de son juge, supprimer la procédure et l'intermédiaire, substituer aux distinctions et aux catégories arbitraires une loi générale qui soumette à la même règle tous les intérêts quels qu'ils soient. »

M. Pinsart n'a pas réalisé dans son projet de code toutes les réformes annoncées dans la préface. Il n'a pas supprimé l'*intermédiaire* et mis le plaideur en contact *direct* avec le juge, ce qui du reste n'eut pas été un grand bienfait ; mais il a du moins signalé beaucoup d'abus et provoqué d'utiles simplifications. Il a démontré, c'est à mon avis le grand mérite de son travail, que la procédure destinée à protéger les justiciables, ne sert le plus souvent qu'à les ruiner.

Pendant quelques années, il fut de mode de traiter des questions littéraires dans les salons de province. Rivarol et Chamfort prêtaient alors de l'esprit à beaucoup de gens de ma connaissance. Leur conversation ressemblait à un véritable feu d'artifice préparé longtemps à l'avance. M. Pinsart, qui n'avait pas besoin de l'esprit des autres, se montrait le plus brillant causeur et se plaisait à soutenir dans ces réunions une foule de paradoxes, uniquement pour jouir de l'ébahissement de ses auditeurs. Mais, quand il rentrait au Palais de Justice, il avait soin de déposer au vestiaire tout ce bagage littéraire et il redevenait l'homme de grand sens que nous avons connu. Il n'a manqué à M. Pinsart qu'un peu d'ambition pour stimuler ses rares facultés et pour le porter aux plus hautes dignités de la magistrature. Trop épris de la taille des arbres et de la culture des fleurs il n'a pas voulu s'éloigner de sa campagne et il est resté simple président d'un tribunal de première instance. Il est mort en 1873, laissant parmi ses contemporains le souvenir d'un homme très supérieur par l'intelligence aux fonctions qu'il a remplies.

9 782329 374901